Der Winter ist da - Das Liederbuch

20 Winter-, Advents- und Weihnachtslieder für Kinder

Das Liederbuch mit allen Texten, Noten und Gitarrengriffen zum Mitsingen und Mitspielen

Kinderlieder mit Stephen Janetzko

Copyright © 2015 Verlag Stephen Janetzko, Erlangen
www.kinderliederhits.de
Alle Lieder verlegt bei Edition SEEBÄR- Musik Stephen Janetzko, Erlangen
(außer wo angegeben)
Online-Shop im Internet unter ***www.kinderlieder-shop.de***
Covergrafik: Stephen Janetzko (CD-Cover: Frohmut Ritter)
Notensatz, grafische Vorbereitung und Idee: Stephen Janetzko
All rights reserved.

ISBN-10: 3957222249

ISBN-13: 978-3-95722-224-4

Inhaltsverzeichnis

Lied:	Seitenzahl:
Der Winter ist da	4
Juchhe, der erste Schnee	5
Der Winter kommt (1-2-3)	6
Wenn es schneit	7
Dann dann dann (Hol das Winterröckchen vor)	8
Weihnachten ist bald (Jingle Bells)	9
Tip tap (tiddel diddel dap, ich laufe durch den Schnee)	10
Wer hat dem Weihnachtsmann den Mantel geklaut?	11
Schnee, Schnee, Schnee	12
Wenn ich mich ins Bettchen lege	13
Der Maler Winter (Der Winter als Maler)	14
Advent (Zünd an ein Lichtlein)	15
Sieh, wie die Kerze leuchtet	16
Leise rieselt der Schnee	17
Niko-, Niko-, Nikolaus	18
Alle Jahre wieder *(mit neuer Janetzko-Melodie)*	19
Kommt, wir feiern Weihnachten	20
Könnt ihr wie die Hirten laufen?	21
Kleiner Weihnachtsbaum (Ding Dang Dong Little Christmas Tree)	22
Alle Menschen nah und fern	23

Der Winter ist da

Text und Musik: Stephen Janetzko; CD "Der Winter ist da"
© Edition SEEBÄR-Musik Stephen Janetzko, www.kinderliederhits.de

Refrain: Der Winter ist da, der Winter ist da.
Die Welt ist weiß, die Bäume kahl, ich find das wunderbar.
Der Winter ist da, der Winter ist da.
Bald kommen Weihnacht und Silvester und das neue Jahr (1).

1. Abends ist es dunkel schon ein paar Stunden eher
und das Jahresende rückt immer immer näher (2).

2. Alle Tiere schlafen nun sicher in der Erde,
warten, dass es irgendwann wieder Frühling werde.

3. Alles liegt tief eingeschneit. Schnee gibt`s zur Genüge;
ich hol meinen Schlitten raus, fahr von Nachbars Hügel.

4. Ich will einen Schneemann baun, mindestens zwei Meter.
Meine Freunde machen mit, kommen etwas später.

5. Wollen wir gemeinsam heut ein paar Plätzchen backen?
Das wär ziemlich klasse, auch Nüsse wolln wir knacken.

6. Zündet eure Kerzen an, jede Woche eine.
Kuschelt euch gemütlich ein: Ihr seid nicht alleine!

Hinweis:
Je nachdem, wann ihr das Lied singt, könnt ihr folgende Zeilen abwandeln:
- zwischen Weihnachten und Neujahr:
(1) "Vorbei ist Weihnacht, und jetzt kommt schon bald das neue Jahr"
- nach Neujahr:
(1) "Vorbei sind Weihnacht und Silvester und das alte Jahr"
(2) "doch der Frühling, ja der kommt langsam wieder näher"

Juchhe, der erste Schnee

Text und Musik: Stephen Janetzko; CD "Es schneit, es schneit, es schneit"
© Edition SEEBÄR-Musik Stephen Janetzko, www.kinderliederhits.de

1. Juch - he, der ers - te Schnee liegt vor dem Haus!
Juch - he, ich zieh die Stie - fel an und raus!
Das gan-ze Jahr, da wart ich drauf, dass es mal wie-der schneit. Und heu - te, heu - te, heu - te ist es end - lich dann so - weit!

2. Juchhe, der erste Schnee fällt auf mein Haar!
Juchhe, und es ist einfach wunderbar!
Es ist so schön, dass ich`s mit Worten kaum beschreiben kann
Für mich, da fängt der Winter mit der ersten Flocke an!

Zwischenteil: End - lich wird die Welt ver-steckt, ü - ber-all mit Weiß be-deckt.
End - lich kann ich wie - der ei - nen Schnee - mann bau`n!

3. Juchhe, der erste Schnee liegt in der Luft!
Juchhe, wir sind schon ganz schön ausgebufft!
Wir kugeln durch die weiße Pracht und haben unsern Spaß
Denn später sind die Wiesen grün und die Klamotten nass!

4. (gepfiffen)

Der Winter kommt! (1-2-3)

Text und Musik: Stephen Janetzko; CD "Das Licht einer Kerze - Die 25 schönsten Weihnachtslieder"
Tempo: ca. 180   © Edition SEEBÄR-Musik Stephen Janetzko, www.kinderliederhits.de

1. Wenn ich aus dem Fenster schau, es ist kaum zu glauben.
Meine Freunde spielen schon, rutschen über's Eis.
Und mich hält es auch nicht hier, das ist der Beweis.

Refrain: Der Winter kommt, (der Winter kommt,) kommt raus aus seiner Gruft.
Ja, der Winter kommt, (der Winter kommt!) Ich spring vor Freude dreimal in die Luft! (1, 2, 3!)

Zwischenspiel: Lange haben wir gewartet, endlich ist er da!
Hoffentlich bleibt alles weiß - das wär wunderbar!

Refrain (Wiederholung):
Der Winter kommt (der Winter kommt), kommt raus aus seiner Gruft.
Der Winter kommt (der Winter kommt)! Ich spring vor Freude vier Mal in die Luft! (1,2,3,4!)

2. Wenn ich jetzt nach draußen geh, huh, dann ist es richtig kalt.
Dann will ich spazieren gehn durch den weißen Winterwald
Ich will einen Schneemann bau`n und will Schlitten fahr`n.
Und der Himmel, der soll nicht mit seinen Flocken spar`n

Refrain: ...fünf Mal in die Luft! (1,2,3,4,5!) ... sechs Mal in die Luft! (1,2,3,4,5,6!)

Zwischenspiel: Lange haben wir gewartet, endlich ist er da!
Hoffentlich bleibt alles weiß - das wär wunderbar!

3. Schneeballschlacht und Keilerei - dir werd´ ich es zeigen.
Drinnen gibt es heißen Tee, so könnt`s immer bleiben
Ach, ist das nicht wunderbar, Winter mag ich sehr.
Schnee liegt, Schnee liegt überall, still steht der Verkehr

Refrain: ... sieben Mal in die Luft! (1,2,3,4,5,6,7!) ... acht Mal in die Luft! (1,2,3,4,5,6,7,8!)

Wenn es schneit

Text und Musik: Stephen Janetzko; CD "Der Winter ist da"
© Edition SEEBÄR-Musik Stephen Janetzko, www.kinderliederhits.de

Refrain: Wenn es schneit, wenn es schneit, wenn es schneit, ja, dann ist es für mich al-ler-höch-ste Zeit. Ja, dann zieh ich mei-nen Man-tel an und lau-fe durch den Schnee: Wenn es schneit, wenn es schneit, wenn es schneit.

1. Ist es drau-ßen bit-ter kalt, das ist mir ganz gleich.
   Zieh ich mei-ne Schlitt-schuh an, lauf ü-ber den Teich.

Refrain: Wenn es schneit, wenn es schneit, wenn es schneit...

2. Kommt der Winter, malt uns dann alle Straßen weiß.
   Denk ich an den Weihnachtsmann, sing ein Lied ganz leis.

Refrain: Wenn es schneit, wenn es schneit, wenn es schneit...

3. Draußen stürmt und hagelt es, drinnen ist es warm.
   Hol ich mein Geschwisterchen, nehm es in den Arm.

Refrain: Wenn es schneit, wenn es schneit, wenn es schneit...

4. Komm zu mir, ich lad dich ein, und wir trinken Tee.
   Und danach, da gehen wir wieder in den Schnee.

Refrain: Wenn es schneit, wenn es schneit, wenn es schneit...

Dann dann dann
(Hol das Winterröckchen vor)

Text und Musik: trad./Stephen Janetzko; Text 3. Strophe, Bearbeitung, Satz, Spielanleitung: Stephen Janetzko; CD "Der Winter ist da" © Edition SEEBÄR-Musik Stephen Janetzko, www.kinderliederhits.de

Tempo: ca. 132

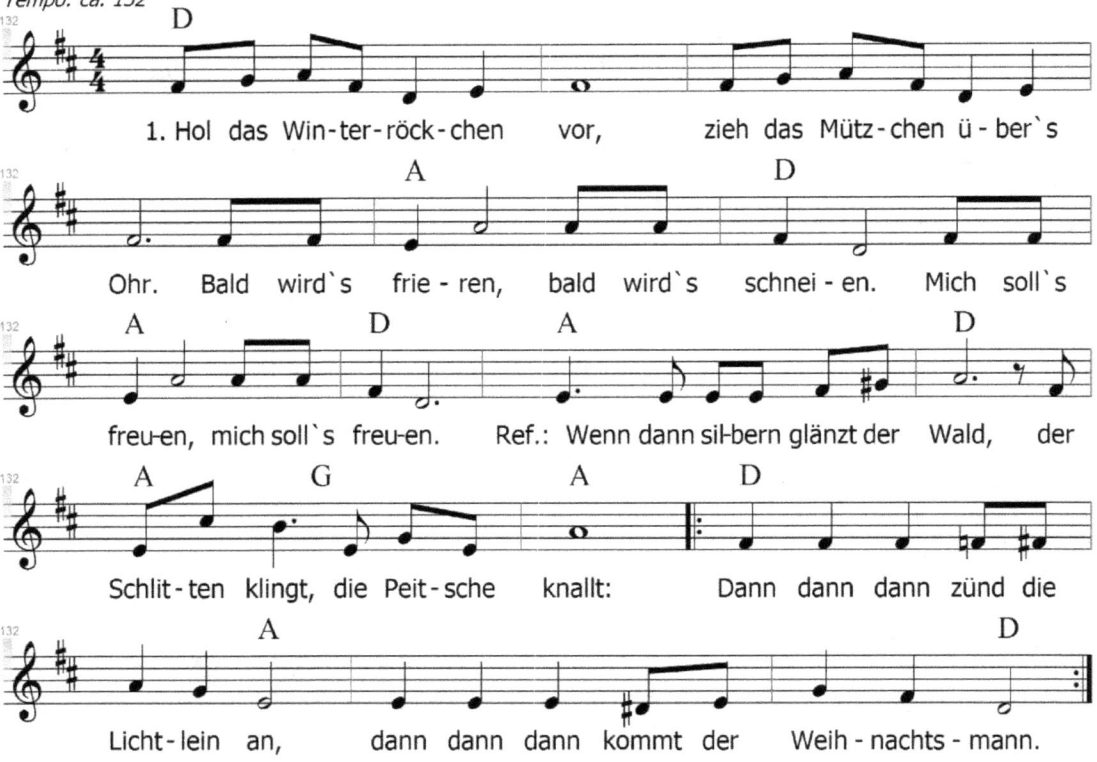

Bei diesem schönen Weihnachtslied könnt ihr zu den einzelnen Zeilen folgende Bewegungen machen:

1. Hol das Winterröckchen vor, (herwinken)
zieh das Mützchen über`s Ohr. (pantomimisch nachmachen)
Bald wird`s frieren, (Arme um den Bauch schlingen und schütteln)
bald wird`s schneien. (mit den Fingern fallenden Schnee imitieren)
Mich soll`s freuen, mich soll`s freuen (mitklatschen)

Refrain: Wenn dann silbern glänzt der Wald, (großen Baum mit den
Händen andeuten, dabei Finger "rieseln" lassen)
der Schlitten klingt, (Glocke bimmeln)
die Peitsche knallt! (pantomimisch, danach dreimal auf den Boden stampfen)
Dann dann dann zünd die Lichtlein an, (mitsingen und mitklatschen)
dann dann dann kommt der Weihnachtsmann (mitsingen und mitklatschen)

2. Steht ein Schlitten vor der Tür, (Tür "malen")
auf der Eisbahn fahren wir. (eine 8 in der Luft malen)
Bald kommt Ruprecht uns besuchen, (Bart zeigen)
bringt uns süßen Pfefferkuchen. (Bauch reiben, "hhmm...")

3. Kommt Advent mit Kerzenschein, (Arme hoch in die Luft strecken)
niemand ist dann mehr allein. (von mir zu dir und zurück zeigen)
In der Wohnung ist`s gemütlich, (zurücklehnen oder ausstrecken)
ja, und draußen schneit es friedlich. (mit den Fingern fallenden Schnee imitieren)

4. Ist dann Weihnacht endlich da, (unruhig auf dem Stuhl zappeln)
rufen alle laut: Hurra! (ganz laut "hurra" singen)
Und wir hören, wenn wir lauschen, (mit der Hand am Ohr lauschen)
es ganz leise drinnen rauschen. (leise "schsch" flüstern)

Weihnachten ist bald (Jingle Bells)

Text: Stephen Janetzko; Musik: trad. (J. Pierpont); CD "Der Winter ist da"
© Edition SEEBÄR-Musik Stephen Janetzko, www.kinderliederhits.de

1. Wir fahren durch den Schnee, grad wie es uns gefällt. Schnee, wohin ich seh, weiße Winterwelt. Du steigst zu uns herauf, die Glocke klingt von fern. Ich hab den Duft von Mandeln und von Lebkuchen so gern.

Refrain: Weihnachten, Weihnachten, Weihnachten ist bald! Welch ein Spaß! Wir fahren durch den Winterwunderwald!

2. Oh, was ein schöner Tag! Wir liegen uns im Arm!
Es ist so bitter kalt, doch innen drin ganz warm.
Mein schönster Weihnachtstraum ist Frieden für die Welt;
und Santa Claus, der sagt: Na klar, das wird sogleich erfüllt!

Refrain: Weihnachten, Weihnachten, Weihnachten ist bald...

3. Genießen wir die Fahrt, der Schlitten fährt ganz sacht.
Die Bäume grüßen stumm in der Weihnachtsnacht.
Zu fahren, das macht Spaß, es rieselt leis der Schnee.
Wir freuen uns, dass Winter ist, und trinken Weihnachtstee!

Refrain: Weihnachten, Weihnachten, Weihnachten ist bald...

Tip, tap
(tiddel diddel dap, ich laufe durch den Schnee)

Text und Musik: Stephen Janetzko; CD "Und wieder brennt die Kerze"
© Edition SEEBÄR-Musik Stephen Janetzko, www.kinderliederhits.de

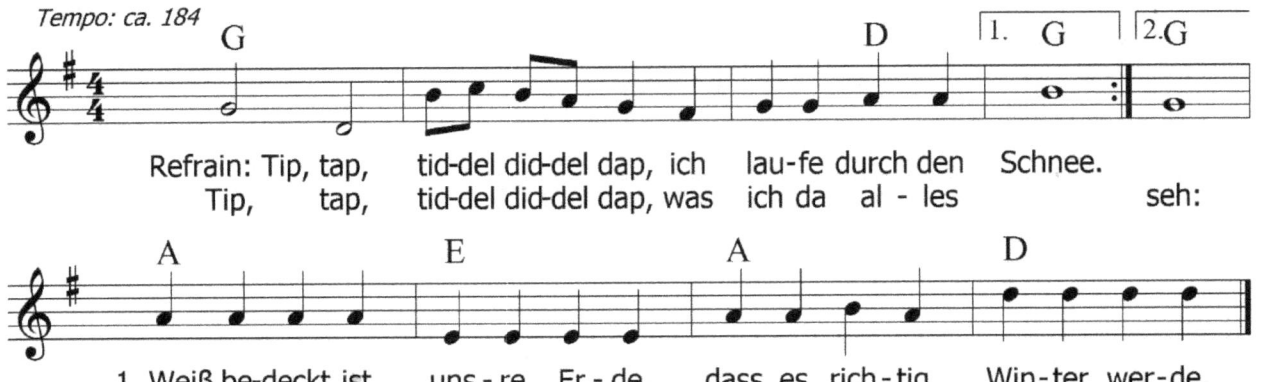

Refrain: Tip, tap, tid-del did-del dap, ich lau-fe durch den Schnee.
Tip, tap, tid-del did-del dap, was ich da al-les seh:

1. Weiß be-deckt ist uns-re Er-de, dass es rich-tig Win-ter wer-de.

Refrain.

2. Kahle Bäume, kahle Äste,
dort im Haus bekommt man Gäste.

Refrain.

3. Lichter an den Tannenbäumen;
Kinder, die von Weihnacht träumen.

Refrain.

4. Dicke Stiefel, Pudelmützen,
Vögel, die gen Süden flitzen.

Refrain.

5. Durch den Schnee, wo Spuren führen,
schauen wir nach ein paar Tieren.

Refrain.

6. Schlittschuhlaufen auf den Seen;
kommst du mit, dann lass uns gehen!

Refrain.

Wer hat dem Weihnachtsmann den Mantel geklaut?

Text: Sabine Kokoreff; Musik: Stephen Janetzko; CD "Kindertanz - beweg dich ganz!"
© Edition SEEBÄR-Musik Stephen Janetzko, www.kinderliederhits.de

1. Es klingelt an der Tür, da steht ein Mann vor mir.
   Der ist schon ziemlich alt, und ihm ist furchtbar kalt.
Refrain: Wer hat dem Weihnachtsmann den Mantel geklaut?
   Wer - wer - wer: Sag mir, wer?
Refrain: Wer hat dem Weihnachtsmann ...

2. Vielleicht war`s Franz, der Hund, vielleicht die Rosamund.
   Wo kann der Mantel sein: Ich frag mal Max, das Schwein.
Refrain: Wer hat dem Weihnachtsmann ...

3. Wir suchen überall, sogar im Hühnerstall.
   Der Mantel, der bleibt weg, oh Schreck, oh Schreck, oh Schreck.
Refrain: Wer hat dem Weihnachtsmann ...

4. Ich gehe hinters Haus, und dabei kommt es raus:
   Der Schneemann hat ihn an, da er auch frieren kann.

Refrain: Der hat dem Weihnachtsmann den Mantel geklaut?
Der-der-der, genau der!
Der hat dem Weihnachtsmann den Mantel geklaut?
Der-der-der, genau der!

Refrain: Wer hat dem Weihnachtsmann ...

Schnee, Schnee, Schnee
- Schneemann-Lied und Tanz -

Text und Musik: Stephen Janetzko; CD "Und wieder brennt die Kerze"
© Edition SEEBÄR-Musik Stephen Janetzko, www.kinderliederhits.de

Refrain: Schnee, Schnee, Schnee, wohin ich seh, seh, seh, liegt nur Schnee, Schnee, Schnee, liegt nur Schnee, Schnee, Schnee. Schnee, Schnee, Schnee, wohin ich seh, seh, seh, liegt nur Schnee, Schnee, Schnee, liegt nur Schnee, Schnee, Schnee.

1. Schneemann, Schneemann, 1-2-3, geh doch nicht so schnell vorbei - gib mir deine Hand, gib mir deine Hand, und bleib ein bisschen hier, und bleib ein bisschen hier.

Refrain: Schnee, Schnee, Schnee...

2. Schneemann, Schneemann, 1-2-3. Geh doch nicht so schnell vorbei
    - schenk mir einen Tanz, schenk mir einen Tanz, und bleib ein bisschen hier, und bleib ein bisschen hier.

Refrain: Schnee, Schnee, Schnee...

3. Schneemann, Schneemann, 1-2-3. Geh doch nicht so schnell vorbei
    - wir wolln bei dir sein, wir wolln bei dir sein, drum bleib ein bisschen hier, drum bleib ein bisschen hier.

Refrain: Schnee, Schnee, Schnee...

4. Schneemann, Schneemann, 1-2-3. Geh doch nicht so schnell vorbei
    - Winter ist so kurz, Winter ist so kurz, drum bleib ein bisschen hier, drum bleib ein bisschen hier.

Refrain: Schnee, Schnee, Schnee...

5. Schneemann, Schneemann, 1-2-3. Geh doch nicht so schnell vorbei
    - du willst doch nicht fort, du willst doch nicht fort,
    komm, bleib ein bisschen hier, komm, bleib ein bisschen hier.

Refrain: Schnee, Schnee, Schnee...

Wenn ich mich ins Bettchen lege

Text: Herta Dieckhoff; Musik: Stephen Janetzko; CD "Der Winter ist da"
© Edition SEEBÄR-Musik Stephen Janetzko, www.kinderliederhits.de

Tempo: ca. 132

1. Wenn ich mich ins Bett-chen le-ge und den Mond am Him-mel se-he,
schaut er mich so lä-chelnd an, schlie-ße mei-ne Au-gen dann.

2. Träume von den schönsten Dingen, was der Weihnachtsmann wird bringen.
Auch Frau Holle ist bereit, schüttelt`s Bettchen, und es schneit.

3. Schau am Morgen ich hinaus, es sieht alles so sauber aus, und
auf den Wiesen liegt der Schnee, rodeln können wir-juchhhe!

4. Kann das Christkind seine Gaben auf den großen Schlitten laden.
Und ich wünsch mir, na ok, Weihnachten mit Eis und Schnee.

5. Hörst du schon die Glöckchen klingen, überall die Engel singen.
In der Früh werd' ich geweckt, ist der Weihnachtstisch gedeckt.

6. (1. Zeile instr. oder "Hmhmhm..." summen)
Meine Wünsche, oh wie fein, dank dir liebes Christkind mein.

Der Maler Winter

Text: Paula Oehm; Musik: Stephen Janetzko; CD "Es schneit, es schneit, es schneit"
© Edition SEEBÄR-Musik Stephen Janetzko, www.kinderliederhits.de

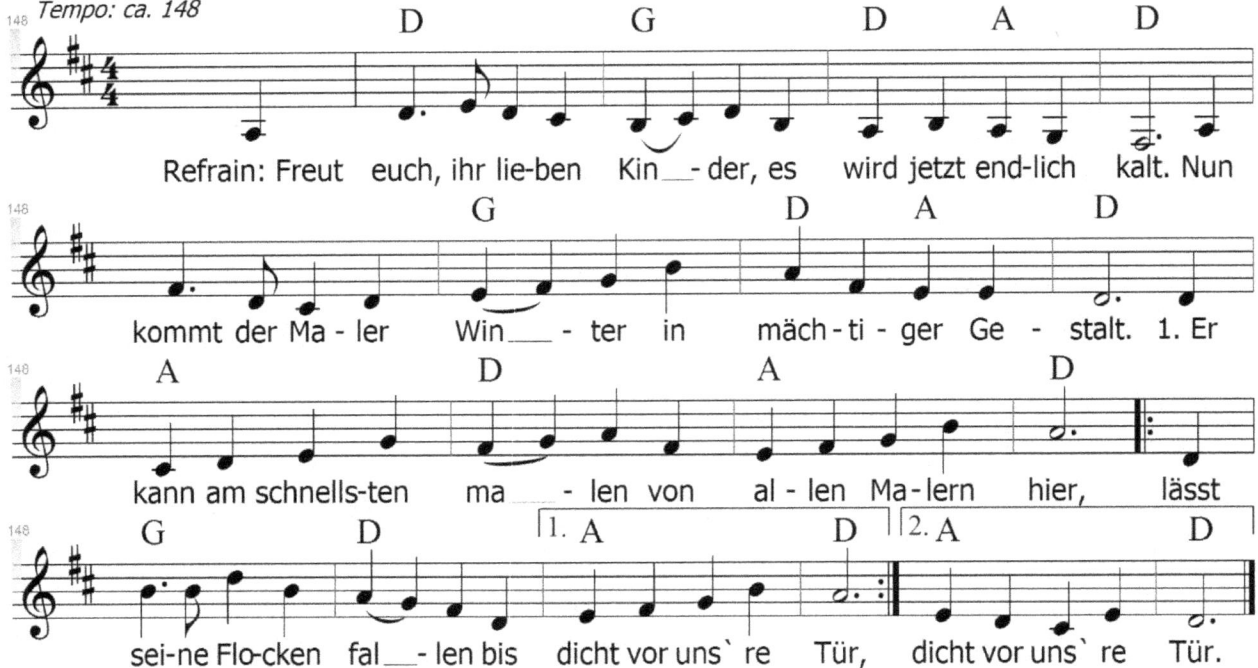

Refrain: Freut euch, ihr lieben Kinder, es wird jetzt endlich kalt. Nun kommt der Maler Winter in mächtiger Gestalt.

1. Er kann am schnellsten malen von allen Malern hier, lässt seine Flocken fallen bis dicht vor uns're Tür, dicht vor uns're Tür.

Refrain: Freut euch, ihr lieben Kinder...

2. Er malt in weiter Runde mit Ausdauer und Fleiß
und schon nach einer Stunde ist ringsrum alles weiß.

Refrain: Freut euch, ihr lieben Kinder...

3. Die Tannen sind beladen mit herrlich frischem Schnee,
das Bild, so wohlgeraten, sieht schöner aus als je.

Refrain: Freut euch, ihr lieben Kinder...

4. Kein einzig´ Dach er meidet, wo er sich nicht drauf setzt
und auch die Menschen kleidet er so wie sich zuletzt.

Refrain: Freut euch, ihr lieben Kinder...

5. Mein lieber Maler Winter lass deinen schönen Schnee
noch lange bei uns liegen, sag uns noch nicht ade.

Refrain: Freut euch, ihr lieben Kinder...

Advent (Zünd an ein Lichtlein)

Text: Käthe Ashoff; Musik: Stephen Janetzko; CD "Der Winter ist da"
© Edition SEEBÄR-Musik Stephen Janetzko, www.kinderliederhits.de

Tempo: ca. 112

1. Wenn Wald und Feld mit dickem Schnee erwachen still am Wintermorgen, in warmen Stuben ohne Weh, die Menschen fühlen sich geborgen. Das Holz dann knistert in dem Ofen, Bratäpfel duften wunderbar, ist plötzlich leis, ganz ungerufen, ein lieber Bote wieder da. Refrain: Zünd an ein Lichtlein, dass es brennt - zum ersten freudigen Advent.

2. Und wieder klingen alte Weisen, die so vertraut und lieblich sind.
Von Englein, die am Himmel reisen, vom Glöckchen, das im Wald erklingt.
Und Oma liest die schönen Mären von der Waldfee und dem Heinzelwicht,
Schneewittchen und den sieben Zwergen, von Rosenrot und Taugenichts.
Wenn die Kinder in der Stube lauschen, schiebt sich leis auf ein Fensterlein.
Mit dicken Händen wirft von draußen Knecht Ruprecht Äpfel, Nüss´ hinein.
Zünd an ein Lichtlein, dass es brennt - zum 2. freudigen Advent.

3. Und in den Straßen, an den Ecken stehn Tannenbäume ohne Zahl.
Sie flüstern von den Perlenketten und ihrem Schmuck im Weihnachtssaal.
Die Kinder drücken ihre Näschen am Spielzeugfenster nebenan.
Für Susi - Puppe, kleines Käthchen, für Fritz die große Eisenbahn.
Sie alle haben ihre Wünsche, sie träumen ihren schönsten Traum:
von Zuckerpuppen, Kleidern, Strümpfen, vom buntgeschmückten Weihnachtsbaum
Zünd an ein Lichtlein, dass es brennt - zum 3. freudigen Advent.

4. Und durch das Haus ziehn gute Düfte von Marzipan und Tannenzweig.
Die Kinder helfen in der Küche der Mutter bei der Bäckerei.
Ein jeder hat wohl Heimlichkeiten, um Freud zu machen Groß und Klein.
Wie es schon war vor allen Zeiten, so wird es jetzt und immer sein.
Zünd an ein Lichtlein, dass es brennt - zum 4. freudigen Advent.

5. Vier Wochen sind sehr schnell vergangen, der Heil´ge Abend ist erreicht -
wie einstens schon die Alten sangen, so singen heut noch viele Leut:
Zünd an ein Lichtlein, `s ist soweit: Oh du fröhliche seelige Weihnachtszeit.

Hinweis: Die Strophen sind unterschiedlich lang. Bei der 2. und 3. Strophe wird die Melodie der Zeilen 3+4 in den Zeilen 5+6 wiederholt. In der letzten, verkürzten 5. Strophe wird dieser Teil hingegen ganz ausgespart.

Sieh, wie die Kerze leuchtet!

Text und Musik: Stephen Janetzko; CD "Der Winter ist da"
© Edition SEEBÄR-Musik Stephen Janetzko, www.kinderliederhits.de

2. Sieh, wie die Kerze leuchtet! Sieh, wie die Kerze brennt!
Sieh, wie die Kerze leuchtet - heute zum zweiten Advent!
Refrain: Hell ist das Licht ...

3. ... - heute zum dritten Advent!
Refrain: Hell ist das Licht ...

4. ... - heute zum vierten Advent!
Refrain: Hell ist das Licht ...

5. Sieh, wie die Kerze leuchtet! Ich fühl mich wunderbar!
Sieh, wie die Kerze leuchtet - heute ist Weihnachten da!

Refrain: Hell ist das Licht, und es verspricht: Heut´ wird Weihnacht sein!
Ist das nicht schön, wie wir uns verstehn? Hier im Kerzenschein!

Leise rieselt der Schnee

Original-Text und Musik: Eduard Ebel; Textneufassung: Stephen Janetzko; CD "Der Winter ist da"
© Edition SEEBÄR-Musik Stephen Janetzko, www.kinderliederhits.de

Tempo: ca. 148

1. Lei-se rie-selt der Schnee, still, mit Blick auf den See.
Sieh doch, wie glänzt schon der Wald! Freu-e dich, Weih-nacht ist bald!

2. Ach, mein Herz wird so warm, lieg ich in deinem Arm.
All uns're Sorge verhallt. Freue dich, Weihnacht ist bald!

3. Bald ist heilige Nacht, und ein Engel erwacht,
wird uns beschützen, o ja. Freue dich, Weihnacht ist da!

Niko-, Niko-, Nikolaus

Text und Musik: Stephen Janetzko; CD "Und wieder brennt die Kerze"
© Edition SEEBÄR-Musik Stephen Janetzko, www.kinderliederhits.de

Refrain: Ni-ko-, Ni-ko-, Ni-ko-laus, wann kommst du in un-ser Haus? Sag, wann bist du end-lich da? Wir wolln mit dir fei-ern! fei-ern - ja!

1. Schon so lan-ge wart ich hier, dass du klopfst an mei-ne Tür. End-lich ha-ben wir Ad-vent, und die ers-te Ker-ze brennt.
Ja, ich freu mich schon da-rauf, stel-le mei-nen Tel-ler auf. Lus-tig, lus-tig, tral-la-la - bald schon ist dein A-bend da.

Refrain: Niko-, Niko-, Nikolaus...

2. Auf dem Rücken huckepack trägst du einen dicken Sack.
Du hast - das gefällt mir auch - einen kugelrunden Bauch.
Schöne Sachen bringst du mit, machst uns großen Appetit;
Apfelsine, Haselnuss sind für uns ein Hochgenuss!

Refrain: Niko-, Niko-, Nikolaus...

3. Dann zum Abschied winkst du mir, sagst, bald bist du wieder hier.
Doch das dauert glatt ein Jahr, dann erst bist du wieder da!
Kalt ist dir von Kopf bis Zeh, du ziehst weiter durch den Schnee.
Und wir singen dir ein Lied - alle singen ganz laut mit:

Refrain: Niko-, Niko-, Nikolaus...

Alle Jahre wieder

Text: trad. (Wilhelm Hey); Musik: Stephen Janetzko; CD "Der Winter ist da"
© Edition SEEBÄR-Musik Stephen Janetzko, www.kinderliederhits.de

1. Al-le Jah-re wie-der kommt das Chris-tus - kind, Kehrt mit sei-nem
   auf die Er-de nie-der, wo wir Men-schen sind.

   Se-gen ein in je-des Haus, geht auf al-len We-gen mit uns ein und aus.

2. Alle Jahre wieder kommt das Christuskind,
   auf die Erde nieder, wo wir Menschen sind.
   Ist auch mir zur Seite still und unerkannt,
   daß es treu mich leite an der lieben Hand.

Kommt, wir feiern Weihnachten

Text und Musik: Stephen Janetzko; CD "Der Winter ist da"
© Edition SEEBÄR-Musik Stephen Janetzko, www.kinderliederhits.de

1. Kommt, wir fei-ern Weih-nach-ten, zün-det al-le Lich-ter an. Kommt, wir fei-ern

Weih-nach-ten, fangt das Fest nun an! Refrain: Lasst uns sin-gen, hei-ßa, es ist

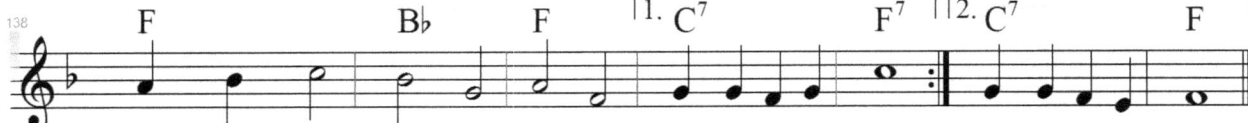
Weih-nachts-zeit. Lasst uns sin-gen, bald ist es so - weit. bald ist es so - weit.

Refrain: Lasst uns singen...

3. Seht, die zweite Kerze brennt, esst ein Spekulatius.
   Seht, die zweite Kerze brennt, welch ein Hochgenuss!

Refrain: Lasst uns singen...

4. Seht, die dritte Kerze brennt, packt schnell die Geschenke ein.
   Seht, die dritte Kerze brennt, bald wird Weihnacht sein!

Refrain: Lasst uns singen...

5. Seht, die vierte Kerze brennt, hell erstrahlt der Lichterkranz.
   Seht, die vierte Kerze brennt, weihnachtlicher Glanz!

Refrain: Lasst uns singen...

6. Seht, der Baum, das Licht, es brennt, Heiligabend feiern wir.
   Seht, der Baum, das Licht, es brennt, heute, jetzt und hier!

Refrain: Lasst uns singen, heißa, es ist Weihnachtszeit.
Lasst uns singen, heut´ ist es soweit!

7. Kommt, wir feiern Weihnachten... (wie 1.)

Refrain: Lasst uns singen, heißa, es ist Weihnachtszeit.
Lasst uns singen, heut´ ist es soweit!

Könnt ihr wie die Hirten laufen?

Text: Werner Schaube; Musik: Stephen Janetzko; CD "Der Winter ist da"
© Edition SEEBÄR-Musik Stephen Janetzko, www.kinderliederhits.de

(1. Vorsänger:) Könnt ihr wie die Hirten laufen? Könnt das Kind ihr sehn? (Kinder:) Es ist klein, ein gro-ßes Wun-der, ein-fach wun-der-schön!

(2. Vorsänger:) Kommt ganz nah, es ist der Himmel! Kommt, es sieht euch an!
(Kinder:) Es ist arm, für uns geboren. Ja, es lacht uns an!

(3. Vorsänger:) Lasst uns gehen, Lieder singen! Lasst uns fröhlich sein!

(Kinder:) Eh-re sei Gott in der Hö-he! Hal-le-lu-, hal-le-lu-ja!

Hinweis: Statt "Ehre sei Gott in der Höhe" könnt ihr auch "Hört ihr, wie die Englein singen" singen.

Kleiner Weihnachtsbaum
(Ding Dang Dong Little Christmas Tree)

Dt. Spezialtext: Stephen Janetzko; Musik und Originaltext: Ulf Krüger; CD "Der Winter ist da"
© Ed. Ulf Krüger, Hamburg; Info: www.kinderliederhits.de

2. Traurig stimmt mich das Radio.
Und Schnee fällt in die Krippe aus Stroh.
Knaben singen, wie Mädchen so froh.
Ja, mich fröstelt, ja, mich fröstelt es so.

Refrain: Bleib bei mir, kleiner Weihnachtsbaum...

Alle Menschen nah und fern

Text und Musik: Stephen Janetzko; CD "Das Licht einer Kerze - Die 25 schönsten Weihnachtslieder"
© Edition SEEBÄR-Musik Stephen Janetzko, www.kinderliederhits.de

1. Al-le Men-schen nah und fern fol-gen heut' dem Weih-nachts- stern.
Denn in die-ser heil'gen Nacht uns das Je-su - kind er-wacht. kind er - wacht.

2. Kommt zur Krippe, schaut euch an; kommt, ob Kind, ob Frau, ob Mann.
Kommt zur Krippe, schaut euch an; kommt, ob Kind, ob Frau, ob Mann.
Kommt und sehet, schweiget still, was der Herr euch zeigen will.
Kommt und sehet, schweiget still, was der Herr euch zeigen will.

3. In der Nacht die Glocke klingt, und von fern der Engel singt.
In der Nacht die Glocke klingt, und von fern der Engel singt.
Hell der Stern am Firmament, der allein den Weg nur kennt.
Hell der Stern am Firmament, der allein den Weg nur kennt.

4. wie 1.

Weihnachtslieder von und mit Stephen Janetzko...

Stephen Janetzko:
CD Das Licht einer Kerze - Die 25 schönsten Weihnachtslieder
Eine festlich bunte Liedersammlung für die ganze Adventszeit.

Über die CD:

Eine festlich bunte Liedersammlung
**von den Engeln in der Weihnachtszeit,
von Nikolaus und Weihnachtsbäckerei,
von Schnee und Heiligabend
bis ins neue Jahr**.
Neue und alte Winter- und Weihnachtslieder von und mit
Stephen Janetzko,
*zauberhaft unterstützt vom
Kinderchor Canzonetta Berlin*

Alle Liedtitel der CD: 1. Das Licht einer Kerze - 2. Der Kleine-Engel-Tanz - 3. Leise rieselt der Schnee - 4. Endlich ist Winter (Pure Lust am Winter) - 5. Schneeflöckchen, Weißröckchen –
6. Ich habe viele Wünsche (Wunsch fürs Christkind) - 7. Alle wollen backen (Lied von der Weihnachtsbäckerei) - 8. Heute kommt der Nikolaus (Ein Nikolausspiellied) - 9. Ich zünde eine Kerze an - 10. Der Winter kommt - 11. Ein Engel für dich - 12. Die Weihnachtsgans Auguste - 13. Weiße Flocken überall - 14. Vier Engel in der Weihnachtszeit - 15. Seht, wie die Kerzen leuchten - 16. Der Winter ist da - 17. Mein kalter Freund, der Winter - 18. Wenn mit unsern Kerzen gehen (Lied zum Advent) - 19. Alle Jahre wieder - 20. Alle Menschen nah und fern –
21. Stille Nacht - 22. Wenn die Flocken sacht vom Himmel falln - 23. Das kleine Mädchen mit den Schwefelhölzern - 24. Ich schenk dir einen Stern - 25. Wir wünschen ein gutes neues Jahr! (Lied zu Neujahr)

Alterszielgruppe ca. 3-99 Jahre/ Spieldauer **ca. 68:39 min.**
Best.-Nr. 91033-287, ISBN 978-3-95722-066-0
INFO & SHOP: www.kinderliederhits.de
© SEEBÄR-Musik (Labelcode LC 05037)

...auch als Liederbuch erhältlich!

... noch mehr Adventslieder:

Stephen Janetzko:
CD „Und wieder brennt die Kerze" -
Viele schöne Lieder für die ganze Adventszeit

Advent, Winter & Weihnachten in Kindergarten, Schule & Zuhause.
Lieder von & mit Stephen Janetzko.

Über die CD: 25 Lieder für die ganze Adventszeit. Eine kunterbunt-fröhliche Winter-Weihnachtssammlung mit neuen Liedern zum Mitsingen, Spaß haben & Mitmachen zur schönsten Zeit des Jahres: Lieder vom kalten und doch so gemütlichen Winter, von Schnee und Schneemann, vom Nikolaus und der Weihnachtsbäckerei, von Kerzen, Adventskranz und natürlich vom Krippenkind und der Weihnachtsnacht.

Weit über eine Stunde Musik - ideal für Kindergarten, Schule & Zuhause!
Texte von Rolf Krenzer, Werner Schaube & Stephen Janetzko.

Alle Liedtitel der CD: 1. Tip, tap (tiddel diddel dap, ich laufe durch den Schnee) - 2. Wir warten und warten - 3. Der Advent ist da! - 4. Und wieder brennt die Kerze - 5. Schnee, Schnee, Schnee (Schneemann-Lied und -Tanz) - 6. Es schneit, ihr Leut! - 7. Der Nikolaus und sein Sack 8. Schaut her, ich bin der Nikolaus - 9. Wenn wir Weihnachtsplätzchen backen - 10. Niko-, Niko-, Nikolaus - 11. Nikolaus, Nikolaus, komm zu mir nach Haus - 12. Die Jule spielt ein Weihnachtslied - 13. Weihnachtsmann, du tust mir leid - 14. Lied von den verschwundenen Weihnachtsplätzchen - 15. Treppauf, treppab (Wer kann das gewesen sein?) - 16. Es wird wieder Weihnacht sein (Putzt die Fenster, Leut'!) - 17. Ach, Mutti, wann ist es soweit? 18. Weihnachtsmorgen - 19. Lasst uns auf Engel hören (Kanon) - 20. Von dem Kind im Stroh 21. In der Weihnachtsnacht - 22. Lasst zum Stall nun gehn (Krippen-Rundgesang) 23. Kerzen leuchten überall - 24. Singt mit uns von der Weihnachtsnacht (Die Weihnachtsnacht) 25. Vom Schenken (Kanon)

Alterszielgruppe ca. ab 2-99 Jahre / Spieldauer ca. 1 ¼ Stunden
Bestellnummer 91033-251 - EAN: 4032289004659
INFO & SHOP: www.kinderliederhits.de
© SEEBÄR-Musik (Labelcode LC 05037)

...auch als Liederbuch erhältlich!

Mehr Winter-Lieder von Stephen Janetzko:

CD Es schneit, es schneit, es schneit!
Garantiert kerzen- und weihnachtsfrei! 14 Schnee-Lieder für Winter bis Fasching!

Best.-Nr. 91033-261, ISBN 978-3-95722-054-7

...auch als Liederbuch erhältlich!

CD Winterzeit im Kindergarten
Wunderschöne neue Winter-, Advents- und Weihnachtslieder

Best.-Nr. 91033-227, ISBN 978-3-932455-90-2

...auch als Liederbuch erhältlich!

CD Der Winter ist da
20 Winter-, Advents- und Weihnachtslieder

Best.-Nr. 91033-29, ISBN 978-3-932455-92-6

...auch als Liederbuch erhältlich!

Stephen Janetzko

(Liedermacher und Verleger)

Mit einer 20-minütigen MC „Der Seebär" fing alles an, heute sind es weit über 600 Kinderlieder, die der gebürtige Hagener Liedermacher bereits auf über 50 CDs und in zahllosen Liedsammlungen veröffentlicht hat. Viele davon, wie „Hallo und guten Morgen", „Wir wollen uns begrüßen", „Augen Ohren Nase", „Das Lied von der Raupe Nimmersatt", „Hand in Hand" oder „In meiner Bi-Ba-Badewanne", werden heute gesungen in Kindergärten, Schulen und überall, wo Kinder sind.

... mehr Info, mehr CDs, mehr Lieder & Noten:
www.kinderliederhits.de

Alle Rechte vorbehalten.

Dieses Werk ist urheberrechtlich geschützt. Jegliche Vervielfältigung und Verwertung ist nur mit Zustimmung der Autoren bzw. des Verlags zulässig. Das gilt insbesondere für Übersetzungen, die Einspeicherung und Verarbeitung in elektronischen Systemen sowie für das öffentliche Zugänglichmachen wie zum Beispiel über das Internet.
Ein Nachdruck oder eine Weiterverwertung ist nur mit schriftlicher Genehmigung des Verlags möglich.

© Verlag Stephen Janetzko, **www.kinderliederhits.de**

www.ingramcontent.com/pod-product-compliance
Lightning Source LLC
Chambersburg PA
CBHW081504040426

42446CB00016B/3385